BEI GRIN MACHT SICH IHR WISSEN BEZAHLT

- Wir veröffentlichen Ihre Hausarbeit,
  Bachelor- und Masterarbeit

- Ihr eigenes eBook und Buch -
  weltweit in allen wichtigen Shops

- Verdienen Sie an jedem Verkauf

Jetzt bei www.GRIN.com hochladen und kostenlos publizieren

Gundi Doll

Der Sklave in Aristoteles 'Politika'

Persönliche Abhängigkeit versus existenzielle Sicherheit in der Polis

GRIN Verlag

Bibliografische Information der Deutschen Nationalbibliothek:

Die Deutsche Bibliothek verzeichnet diese Publikation in der Deutschen National-
bibliografie; detaillierte bibliografische Daten sind im Internet über http://dnb.d-
nb.de/ abrufbar.

Impressum:

Copyright © 2011 GRIN Verlag GmbH
Druck und Bindung: Books on Demand GmbH, Norderstedt Germany
ISBN: 978-3-640-97307-1

Dieses Buch bei GRIN:

http://www.grin.com/de/e-book/176170/der-sklave-in-aristoteles-politika

Philipps-Universität Marburg

FB 03: Gesellschaftswissenschaften und Philosophie

Seminar: Aristoteles Politik

Semester: WS 09/10

DER SKLAVE IN ARISTOTELES POLITIKA

Persönliche Abhängigkeit versus existentielle Sicherheit in der Polis

Verfasst von:

Sieghild Skupio

Studiengang: LA Gymnasium

Fächer: Ethik / Germanistik / DaF

Semesterzahl: 7

Inhaltsverzeichnis

1. Vorwort

Seitdem es Menschen gibt, seitdem gibt es auch das Bedürfnis der Menschen Herrschafts- oder Machtverhältnisse in Form von Sklaverei zu schaffen.[1] Die vorliegende Arbeit soll den Sklavenbegriff bei Aristoteles näher beleuchten und die Position des Philosophen stark machen um in einem nächsten Schritt zu prüfen, inwiefern Sklaverei befürwortet werden kann. Zunächst gilt es, den Sklaven auch als Einzelperson, vor allem aber in der Interaktion mit den Menschen in seiner direkten Umgebung zu betrachten. Dabei soll das Augenmerk zuallererst auf die Gemeinschaft, genannt Polis, und ihre einzelnen Bestandteile gerichtet werden, auf die der Sklave Einfluss hat. Interessant für die Fragestellung der Arbeit ist der gesellschaftliche Stand, den ein Sklave in der Polis einnimmt. In Verbindung damit sollen Möglichkeiten bzw. Einschränkungen im seinem Leben erörtert und der Freiheitsbegriff geklärt werden. Kann ein Sklave nur als Unfreier bezeichnet werden, der seinem Herrn gehorchen muss oder fällt ihm eine wichtigere Aufgabe im Zusammenleben der Gemeinschaft zu? Die Untersuchung des „Herrenwesen", also die Herrschaft zwischen dem Sklaven und dem Herrn, ermöglicht die Beurteilungen von etwaiger Gegenseitigkeit und potenziellem Handlungsspielraum als Indizien für eine mögliche Freiheit. Vor der Betrachtung der drei Herrschaftsformen ist es allerdings sinnvoll sich die Polis in ihrem Aufbau und ihren wechselseitigen Beziehungen anzuschauen, und den Sklaven anschließend dort einzuordnen. Aristoteles' Rechtfertigung der Sklaverei soll die Basis für eine tiefere Auseinandersetzung mit der Thematik sein und sich der Beantwortung der Frage nähern, ob ein Sklave frei sein kann. Im Anschluss erfolgt die Anwendung des aristotelischen Sklavenbegriffs auf die heutige Zeit. Dabei soll ein Vergleich des antiken mit dem modernen Verständnis anhand zwei aktueller Beispiele erfolgen. Inspiriert durch mein Praktikum in Kolumbien möchte ich einen aktuellen Bezug zum Thema und dem speziellen Kontext herstellen, bei dem der Verdacht nahe liegt, dass kolumbianische Hausmädchen ein Beispiel für den aristotelischen Sklavenbegriff darstellen. Abschließend nenne ich ein aktuelles Beispiel von Sklaverei des 21. Jahrhunderts, um mich dem heutigen Sklavenbegriff im Kontrast zu Aristoteles anzunähern. Wichtig dabei sind in dem Zusammenhang die verschiedenen Beweggründe für Sklaverei in der Antike und im aktuellen Jahrhundert. Während heute Wohlstand und Luxus einiger im Mittelpunkt stehen, und durch die Sklaverei und Ausbeutung verwirklicht werden sollen, appelliert Aristoteles den

---

[1] Vgl. Herrmann-Otto, Elisabeth: *Sklaverei und Freilassung in der griechisch-römischen Welt.* S. 7.

Wohlstand als Mittel zur Glückseligkeit zur verwenden und ihn nicht zum Selbstzweck verkommen zu lassen.[2]

2. Die Polis als Ziel der einzelnen Gemeinschaften

Als höchstes Ziel eines Menschen sieht Aristoteles die eudaimonia, die Glückseligkeit an. Dieses Endziel bedarf allerdings weiterer Zwischenziele, von denen eines die Polis darstellt. Aber was genau bezeichnet Aristoteles als eine Polis und welchen Platz nimmt der Sklave in ihr ein? Um diese Frage beantworten zu können, ist es zunächst erforderlich sich die Entstehung und den Aufbau der Polis anzuschauen. Aristoteles beschreibt den Aufbau der Polis nach der analytischen Methode, indem er vom Einzelnen zum Ganzen kommt:

> „Wie man nämlich auch sonst das Zusammengesetzte bis hin zum nicht mehr Zusammengesetzten zerlegen muß – denn das macht die kleinsten Teile des Ganzen aus –, so werden wir auch, wenn wir betrachten, woraus der Staat zusammengesetzt ist, im Hinblick auf diese Belange besser sehen, worin sie sich voneinander unterscheiden."[3]

Die Entstehung der Polis stellt für Aristoteles einen natürlichen Vorgang dar, da die Gemeinschaften, aus denen später eine Polis hervorgeht, ebenfalls natürlich entstehen. Hierbei unterscheidet er die Gemeinschaft zwischen Mann und Frau und die des Herrn und Sklaven. Die Verbindung von Mann und Frau entsteht aus einem natürlichen Fortpflanzungs- und Erhaltungstrieb heraus.[4]

Die Gemeinschaft des Herrn und Sklaven sieht Aristoteles in dem Sinne als natürlich und notwendig an, als dass beide von Natur gegebene Fähigkeiten besitzen, die jeweils ein Pendant erfordern, um überleben beziehungsweise leben zu können. Das heißt, dass der Sklave mit Eigenschaften ausgestattet ist, die der Herr benötigt und umgekehrt. Aristoteles beschreibt den Herrn als denjenigen, der die Fähigkeit des vorausschauenden Denkens besitzt und den Sklaven als Ausführenden:

> „Denn das, welches in der Lage ist, mit dem Denken vorauszusehen, ist von Natur aus das Herrschende und das von Natur aus Gebietende, doch das, welches in der Lage ist, eben das mit dem Körper durchzuführen, das ist das Beherrschte und das von Natur aus Dienende".[5]

Diese beiden von Natur aus bestehenden Gemeinschaften vereinen sich im oikos, der Hausgemeinschaft und haben die Aufgabe, die Bedürfnisse des Herrn zu befriedigen. Innerhalb der Hausgemeinschaft gibt es drei grundlegende Herrschaftsverhältnisse: das

---

[2] Vgl. Höffe, Otfried: *Aristoteles: Ethik und Politik*. In: Buchheim, Thomas: Kann man heute noch etwas anfangen mit Aristoteles? Felix Meiner Verlag. Hamburg. 2003. S. 131.
[3] Aristoteles: Politik. (Übers. v. Schwarz). Reclam Verlag. Ditzingen. 2007. 1252a 19f.
[4] Vgl. ebd. 1252a 28ff.
[5] Ebd. 1252a 28ff.

zwischen dem Mann und der Frau, dem Vater und seinen Kindern und dem Herrn und seinem Sklaven. Aristoteles benutzt hier die Begriffe Ehewesen, Vaterwesen und Herrenwesen.[6] Auffällig hierbei ist, dass der Herr im Haus innerhalb aller drei Herrschaftsformen eine despotische Herrscherrolle einnimmt. Sklaven, Kinder und auch die Ehefrau sind ihm untergeordnet. Das Haus setzt sich also aus ungleichen Menschen zusammen, aus der Notwendigkeit heraus, die Grundbedürfnisse Überleben und Fortpflanzung zu. Deshalb sind auch die Mittel, die in Form der Erwerbskunst und Sklaverei zu diesem Zweck verwendet werden, von natürlicher Art, insofern sie diesem naturgemäßen Zweck verpflichtet bleiben.[7] Der Sklave hat laut Aristoteles nicht die Aufgabe Güter zu produzieren, sondern dem Herrn im oikos zu dienen, so dass dieser sich dem Ziel des glücklichen Lebens in der Polis widmen kann.[8]

Mehrere Häuser bilden ein Dorf und eine Polis ist die Zusammensetzung von mehreren Dörfern. Am Ende steht somit die Polis, die im besten Fall so stabil ist, dass sie autark ist, sich also selbst genügt. Diese Selbstgenügsamkeit, wie sie Aristoteles nennt, ist das Ziel, auf das hingearbeitet wird.[9]

Die Menschen streben nach der Bildung einer Polis, obwohl nicht jeder Mensch als Bürger gelten darf. Aristoteles begründet dieses Streben mit dem Ausdruck „zoon politikon", womit der Mensch als ein von Natur aus soziales Lebewesen beschrieben wird, das sich in Gemeinschaften organisiert. Nach seiner Auffassung besitzt jeder den natürlichen Trieb sich mit anderen Menschen zusammenzuschließen, mit Ausnahme von wilden Tieren oder Göttern.[10]

Somit gehört jeder Mensch dem Staat an. Als Bürger der Polis gelten jedoch nur Männer mittleren Alters, die keine Fremden sind. Daher entbehren Frauen, Kinder, Greise und Sklaven den Bürgerstatus. Dennoch sind sie Teil der Polis, indem sie Teil der Gemeinschaften sind, aus denen die Polis hervorgeht. Die Gemeinschaften sind unbedingt notwendig für die Existenz der Polis, und die Existenz der einzelnen Gemeinschaften wird wesentlich von den Nichtbürgern konstituiert. Aristoteles erwähnt im siebten Buch, dass eine gute Polis aus einer Vielzahl verschiedener Menschen bestehen muss:

---

[6] Vgl. Aristoteles: Politik. (Übers. v. Schwarz). 1253b 9f.
[7] Vgl. Höffe, Otfried: *Einführung in Aristoteles' Politik*. In: Ders. (Hrsg.): Aristoteles Politik. Bd. 23. Akad.-Verlag. Berlin. 2001. S. 8.
[8] Vgl. ebd. S. 8.
[9] Aristoteles: Politik. (Übers. v. Schwarz). 1253a 1.
[10] Ebd. 1253a 29.

„Es gibt wohl in den Staaten eine größere Zahl von Sklaven, Einsässigen und Fremden [...] [und] nur ein mengenmäßiges Mehr an solchen Leuten ist ein Zeichen eines großen Staates."[11]

„Füglich muß es eine Menge von Bauern geben, die die Nahrung liefern, es muß Handwerker geben, den wehrhaften Teil, den wohlhabenden Stand, die Priester und die Richter."[12]

In der Polis gibt es verschiedene Ämter und Aufgaben, die unterschiedliche Personen und Qualifikationen erfordern. So ist es zum Beispiel wichtig, dass es sowohl geistig als auch körperlich arbeitende Menschen gibt. Es werden solche benötigt, die befehlen, aber auch andere, die die Befehle entgegennehmen und ausführen. Hierarchische Strukturen sind somit nicht nur normal, sondern auch unbedingt erforderlich für den Bestand der Polis. Der Verzicht auf Sklaven wäre für die Bürger eine deutliche Einschränkung zur Ausübung ihrer Freiheit, wodurch sie sich nicht mehr um ihre politischen Geschäfte in der Polis kümmern könnten.

Die Polis bildet den Rahmen für die Glückseligkeit (eudaimonia), dem Endziel. Auf dem Weg dorthin stellt der Sklave ein wichtiges Hilfsmittel für den Bürger dar.

3. Der Sklave in der Polis

Denkt man an die Erscheinung eines Sklaven, so verbinden viele damit Eigenschaften wie unfrei, schlecht behandelt oder rechtlos.

Bei der Beschäftigung mit Aristoteles sollte man den Sklaven allerdings im damaligen Kontext seiner Philosophie betrachten. Hat man die Existenz der Polis als eine wichtige Voraussetzung auf dem Weg zur Glückseligkeit der Bürger im Hinterkopf, dann ist es nicht ungewöhnlich, dass man dem Sklaven einen besonderen Stellenwert zugesteht, da dieser einen Beitrag zur Entstehung der Polis leistet. Will ein Bürger der Glückseligkeit näher kommen, ist ein Sklave ein notwendiges „Werkzeug" dazu.

Das Verhältnis zwischen dem Sklaven und seinem Herrn vergleicht Aristoteles an einer Stelle mit der Seele:

„Denn die Seele übt über den Körper eine Herrenherrschaft aus, die Verstandeseinsicht aber über das Streben eine staatsmännische und königliche. Dabei ergibt sich offenbar, daß es naturgemäß und zuträglich ist, daß der Körper von der Seele beherrscht wird, und ebenso, daß der affektive Seelenteil von der Verstandeseinsicht [...] beherrscht wird.[13]"

Der Sklave nimmt hierbei die Rolle des affektiven Seelenteils ein, welcher der Verstandeseinsicht und der Vernunft des Herrn unterlegen ist. Nun könnte man Mitleid mit

---

[11] Aristoteles: Politik. (Übers. v. Schwarz). 1325b 19f.
[12] Ebd. 1328b 20.
[13] Ebd. 1254b 4f.

6

dem Sklaven haben und dem Bürger Egoismus unterstellen, denn ein Sklave ist unfrei, hat keine Rechte und wird nur als Mittel zum Zweck benutzt. Dieses Mitleid ist jedoch dann unbegründet, wenn der Sklave *naturgemäß* ein Sklave ist. Der *natürliche* Sklave ist von Geburt an mit Eigenschaften ausgestattet, die einen Sklaven ausmachen. Er ist körperlich so gebaut, dass er schwere Arbeiten verrichten kann und hat zusätzlich die Gabe sich beherrschen zu lassen.[14] Dabei ist es notwendig, dass er Anweisungen von seinem Herren erhält, welcher sich der Vernunft bedienen und über jemanden herrschen kann. Ein Sklave von Natur ist daher jener, „der nur soweit Anteil an der Vernunft hat, als er sie wahrnimmt, ohne aber über sie zu verfügen."[15] Charakteristisch für ihn ist also ein Mangel an der Gebrauchskompetenz der Vernunft oder ein Fehlen an vorausschauendem Verstand. Ohne diese Vernunft kann ein Mensch seine politische Natur, zu deren Realisierung er als politisches Wesen (zoon politicon) strebt, nicht verwirklichen.[16] Ein natürlicher Sklave im aristotelischen Sinne könnte also, selbst wenn man ihm Freiheit zugestehen würde, mit dieser nichts anfangen.

Aristoteles macht hierbei jedoch deutlich, dass der Sklave nicht komplett mit dem vernunftlosen Tier gleichgestellt werden kann. In ihrem „Nutzen leisten [zwar] beide Hilfe", dem Sklaven sind allerdings „Wahrnehmungen" möglich, dem Tier nur „Empfindungen", so dass der Sklave die Befehle des Herrn verstehen und ausführen kann.[17]

Der Sklave ist der Gehilfe des Hausherrn und er verfolgt dessen Ziel, weshalb man ihn nicht nur als Teil des oikos bezeichnen kann, sondern fast schon als einen Teil seines Herrn. Er ist so etwas wie die rechte Hand des Herrn und Aristoteles sagt über ihn, er sei „ein beseelter, aber doch getrennter Teil"[18]. Allerdings gilt das nur für die gute Herrschaft, bei der Herr und sein Sklave Freunde sind. Ein Sklave von Natur aus „ist nicht nur Sklave des Herrn, sondern er gehört jenem überhaupt an"[19] und stellt daher einen Teilbesitz des Herrn dar. Aristoteles geht sogar soweit, dass er den Sklaven als abgetrennten Körperteil des Herrn bezeichnet. Pierre Pellegrin hebt diesen Vergleich hervor, um zu zeigen, dass „das Verhältnis zwischen Herr und Sklave viel enger ist als das zwischen Arbeitgeber und Arbeitnehmer". Denn es war niemals so, dass ein „Sklave in den amerikanischen Südstaaten vom Plantagenbesitzer als ein, wenn auch getrennter, eigener Körperteil angesehen wurde."[20]

---

[14] Vgl. Aristoteles: Politik. (Übers. v. Schwarz). 1254b 26f.
[15] Ebd. 1254b 22.
[16] Vgl. Höffe, Otfried: *Aristoteles' politische Anthropologie.* In: Ders. (Hrsg.): Aristoteles Politik. Berlin. 2001. S. 26.
[17] Aristoteles: Politik. (Übers. v. Schwarz). 1254b 24f.
[18] Ebd. 1255b 10.
[19] Ebd. 1254a 13.
[20] Vgl.: Pellegrin, Pierre: *Hausverwaltung und Sklaverei.* In: Höffe, Otfried (Hrsg.): Aristoteles Politik. S. 41f.

Das Bild des Sklaven als Besitz macht Aristoteles noch deutlicher, indem er den Sklaven als Werkzeug des Herrn bezeichnet, weil jedes Besitztum ein hervorbringendes Werkzeug ist.[21] Durch den Vergleich des Sklaven mit einem Werkzeug ermöglicht Aristoteles die Assoziation mit einem Gegenstand, obwohl es sich um einen Menschen handelt. Der Sklave stellt ein besonderes Werkzeug dar, denn er ist als menschliches Wesen dazu in der Lage, sowohl sich als auch andere Werkzeuge sinnvoll zu gebrauchen. Er ist für die antike Produktion das, was heute Maschinen und Roboter in der Industrie sind, denn Sklaven wären nicht mehr notwendig, „wenn nämlich ein jedes Werkzeug in der Lage wäre, entweder auf einen Befehl hin oder indem es einen Befehl im voraus bemerkt, sein Werk zu vollführen"[22].

„Es gibt auch dem Gesetz nach einen Sklaven"[23], welcher ein unnatürlicher ist. Als unnatürliche Sklaven bezeichnet Aristoteles unfreie Menschen, die im Anschluss an einen verlorenen Krieg von den Gegnern versklavt werden. Dabei kann es passieren, dass Bürger zu Sklaven gemacht werden, obwohl sie noch nie welche waren. Aristoteles kritisiert diese Art und hält sie für „nicht gerecht, denn [sie] sei gewaltsam."[24] Er bezeichnet diese durch Gesetz und Gewalt bestimmte Form der Sklaverei als ungerecht, da durch sie auch Menschen in die Sklaverei getrieben werden, die nicht von Natur aus Sklaven sind. So sagt er auch, dass „jemand, der, ohne es verdient zu haben, als Sklave dient, keineswegs wirklich ein Sklave ist", sonst „würde es dazu kommen, daß diejenigen, die besonders edelgeboren zu sein scheinen, Sklaven [...] wären, falls es zuträfe, daß sie als Gefangene verkauft werden"[25]. Wird also eine Person, die von Natur aus zur Sklaverei bestimmt ist, dies allerdings momentan noch nicht ist, im Krieg überwältigt und versklavt, so sieht Aristoteles das als gerecht an. Passiert das gleiche jedoch einem Menschen, der die für einen Herrn erforderlichen intellektuellen und tugendhaften Eigenschaften besitzt, dann ist es als ungerecht anzusehen.[26] Es liegt somit, nach Auffassung des Philosophen, an der Natur und dem Wesen des Menschen selbst, ob er als Sklave gilt oder als freier Mensch.

Eine Chance für einen Mann, der von Natur aus Sklaveneigenschaften hat, ist es sich in die Dienste eines Herrn zu begeben, der ihm eine Existenz ermöglicht. Sieht man dies mit Aristoteles' Augen, ist das positiv, denn der Sklave verrichtet Arbeiten, für die der Herr ungeeignet ist, die der Sklave jedoch gut beherrscht, und umgekehrt. Somit könnte man zunächst von einer gegenseitigen Abhängigkeit sprechen. Aristoteles nennt dies einen

---

[21] Aristoteles: Politik. (Übers. v. Schwarz). 1254a 15.
[22] Ebd. 1254a 34.
[23] Ebd. 1255a 5.
[24] Ebd. 1253b 23.
[25] Ebd. 1255a 25f.
[26] Vgl. ebd. 1255a 6f.

gemeinsamen Nutzen oder eine Art „Zuträglichkeit"[27]. Er unterstreicht die positive Zusammenarbeit von Herr und Sklave, die in gegenseitiger Wechselwirkung ihre jeweilige Begabung gewinnbringend für den anderen einsetzen und somit dessen Erhaltung sichern. Aristoteles ist bemüht, die Sklaverei grundsätzlich nicht abzuwerten und deren Nutzen und Vorteil, ja sogar die Notwendigkeit dessen herauszustellen. Er beruft sich häufig auf den gegenseitigen Nutzen, der aus der Verbindung von Sklave und Herr resultiert. Diese Verbindung fällt allerdings zugunsten des Herrn aus, da eine ausgleichende Gegenseitigkeit nicht gegeben ist. Der Sklave entbehrt zudem das Recht auf Freiheit und Selbständigkeit. Während ein freier Demokrat laut Aristoteles leben kann, wie er will, ist es genau das, was dem Sklaven verwehrt wird. Der Sklave ist somit unfrei, weil er nicht tun kann, was er will und weil er nicht gleich ist wie der Herr.[28]

Der Sklave von Natur aus bräuchte seinen Herrn nicht zum ausschließlichen Überleben, wenn er auf sich allein gestellt wäre, was man damit begründen kann, dass die von Natur aus sklavischen Barbaren auch allein überleben. Das Vorteilhafte an der Verbindung für den Sklaven ist die Tatsache, dass eine Herrschaft nur bestehen kann, insofern der Sklave dabei nicht zugrunde geht. Daher liegt dem Herrn daran, den Sklaven so zu behandeln, dass dieser weiter für ihn arbeiten kann. Dass der Sklave den Herrn zum Überleben braucht, wird jedoch im Text nicht erwähnt, was die Annahme des größeren Vorteils für den Herrn verstärkt. Aristoteles sagt sogar selbst an einer Stelle, dass der Herr einen größeren Nutzen aus der Verbindung mit dem Sklaven zieht als umgekehrt.[29]

Die niedere Stellung des Sklaven wird zudem durch den Vergleich mit Haustieren unterstrichen. Aristoteles weist hinsichtlich ihrer Brauchbarkeit auf nur geringfügig bestehende Unterschiede hin, denn „beide nämlich leisten im Hinblick auf das, was für den Körper notwendig ist, Hilfe, die Sklaven ebenso wie die zahmen Tiere"[30].

Da der Sklave weder einen eigenen Willen, noch eigene Interessen hat, kann sein Herr ihn vollends als Werkzeug für seine Zwecke gebrauchen. Seine Handlungen werden als die des Herrn angesehen, weil dieser ihm den Befehl dazu gegeben hat. Der Herr ist in gewisser Weise somit auch für das Verhalten des Sklaven verantwortlich. „Wenn der Sklave sich gut verhält, dann verdankt er dies seinem Herrn, denn der Herr ist ‚die Ursache für die Tugend des Sklaven'."[31] Im Umkehrschluss müsste man also annehmen, dass der Herr sich auch für das schlechte Verhalten des Sklaven verantworten muss. Somit kann man davon ausgehen,

---

[27] Aristoteles: Politik. (Übers. v. Schwarz). 1255a 2.
[28] Ebd. 1317a 14.
[29] Vgl. ebd. 1278b 32.
[30] Ebd. 1254b 25.
[31] Pellegrin, Pierre: *Hausverwaltung und Sklaverei*. In: Höffe, Otfried (Hrsg.): Aristoteles Politik. S. 56.

dass dem Herrn etwas daran liegt, die Tugend des Sklaven positiv zu beeinflussen, damit der Herr selbst nicht schlecht angesehen wird. Ist das der Fall, so geht es allerdings auch hier wieder nur um den eigenen Vorteil des Herrn, die Verbesserung der Tugend des Sklaven ist dabei wohl nur ein positiver Nebeneffekt.

Im Vergleich zu den Frauen haben Sklaven einen niedrigeren Stellenwert in der Gesellschaft. Sowohl die Frau als auch der Sklave steht unter dem Herrn, trotzdem hat sie den höheren Rang gegenüber dem Sklaven in der Hierarchie. Somit ist die Frau nicht die Sklavin des Mannes, ist dem Mann aber untergeordnet. Aristoteles begründet die Rangfolge von Herr, Frau und Sklave vor allem mit dem vorhandenen Vernunft- bzw. Tugendanteil:

> „Es ergibt sich demnach, daß beide an der Tugend teilhaben müssen, daß es dabei jedoch Unterschiede zu geben, wie es sie ja auch zwischen den von Natur aus Herrschenden und den naturgegeben Beherrschten gibt."[32]
> „Der Sklave verfügt nämlich überhaupt nicht über das klug Beratschlagende, das Weibliche verfügt zwar darüber, doch ohne Entscheidungsgewalt."[33]

Deutlich wird das Gefälle zwischen Frau und Sklave als Aristoteles erwähnt, dass die Hälfte der Freien Frauen sind.[34] Er gesteht somit den Frauen den Freiheitsstatus zu, der den Sklaven jedoch vorenthalten bleibt.

3.1 Aristoteles' Rechtfertigung der Sklaverei

Laut Aristoteles bestimmt die Natur, ob jemand ein Sklave ist oder nicht. Es ist naturgegeben, dass es auf der einen Seite herrschende Menschen gibt und andererseits beherrschte Menschen, deren Aufgabenbereich sich nur auf das Ausführen von Befehlen beschränkt. „Und zugleich von der Geburt her tritt einiges auseinander, das eine in Richtung auf das Beherrschtwerden und das andere in die auf das Herrschen."[35]

Aristoteles' Rechtfertigung setzt auf der Seite des Sklaven an, der ein Interesse daran hat, dass ihm sein intellektueller Herr wichtige Entscheidungen abnimmt und ihm sagt, was er tun soll. In seiner Definition des Sklaven schreibt Aristoteles diesem zwar einen Teil von Vernunft zu, allerdings nicht den selbständigen Gebrauch dieser.[36] Durch diese Sichtweise rechtfertigt er die Sklaverei zusätzlich, denn Menschen, die nur in passiver Form von ihrer Vernunft Gebrauch machen können, sind nicht zum Herrschen zu gebrauchen, sondern zusätzlich auf Herren angewiesen, die mithilfe der nötigen Geistesgaben das Intellektdefizit der Sklaven ausgleichen.

---

[32] Aristoteles: Politik. (Übers. v. Schwarz). 1260a 2.
[33] Ebd. 1260a 12.
[34] Ebd. 1260b 19.
[35] Ebd. 1254a 23.
[36] Siehe Fußnote 13.

Beide Seiten würden von der Sklaverei profitieren, Sklave wie Herr, meint Aristoteles. Er erwähnt „ein gemeinsam Zuträgliches und eine gegenseitige Freundschaft"[37], welche daraus resultieren, dass der Sklave ein, wenn auch abgetrennter, Körperteil des Herrn ist. Letztendlich ist es die Polis, deren Erhaltung durch die Sklaverei gewährleistet ist. Allerdings nicht im ökonomischen Sinn.[38] Vielmehr seien Sklaven unbedingt für die Familie erforderlich, weil durch sie vorpolitische Bedürfnisse befriedigt werden könnten, was wiederum die Voraussetzung für ein glückliches Leben ist. Da die Sklaverei im aristotelischen Familienkonzept notwendig ist, so ist sie es auch für die Polis, da die Familie, der Oikos, ein Teil und eine Vorstufe dieser ist.

Aristoteles, der den natürlichen Sklaven mit dessen geistiger Schwäche begründet, ist der Auffassung, dass der Sklave durch die „belehrende Erziehung durch den Herrn"[39] profitiert. Er spricht dem Sklaven in dem Zusammenhang auch einen Anteil an Vernunft zu, der allerdings sehr gering ist, weshalb der Herr ihn sogar häufiger in seine Schranken weisen muss als ein Kind.[40] Die Tugend, die der Herr dem Sklaven lehrt, kommt allerdings mehr dem Herrn zugute als dem Sklaven, denn sie ist „gerade genügend, damit er nicht aus Zuchtlosigkeit oder Trägheit den Dienst versäumt."[41]

3.2 Kann ein Sklave frei sein?

Was bedeutet Freiheit für einen Sklaven und wie sieht ein Bürger der Polis die Freiheit? Die Unfreiheit eines Sklaven ist durch seine Ungleichheit gegenüber dem Bürger begründet. Ein Sklave ist kein Bürger der Polis und hat somit auch nicht die gleichen Rechte. Er besitzt keine Handlungsfreiheit und seine Denkweise ist aufgrund des von Aristoteles angenommenen Vernunftdefizits eingeschränkt; somit muss er das tun, was sein Herr ihm befiehlt. Für den Bürger in der Antike ist Freiheit etwas Selbstverständliches. Als Teil der Oberschicht genießt er das Privileg der Freiheit im Gegensatz zu allen Sklaven und untergeordneten Völkern.

Man könnte also vermuten, dass ein Sklave unfrei ist und keine Möglichkeiten zum sozialen Aufstieg hat. Aristoteles äußert sich an einigen Stellen über das Wesen der Freiheit. Als ein Merkmal der Freiheit nennt er das wechselweise Herrschen und Beherrschtwerden. Nach dieser Festlegung ist ein Sklave somit nicht frei, da er zwar beherrscht wird, aber selbst nicht herrscht. Ein weiteres Kriterium ist die Handlungsfreiheit, also genau das zu tun, was man

---

[37] Aristoteles: Politik. (Übers. v. Schwarz). 1255b 12.
[38] Pellegrin, Pierre: *Hausverwaltung und Sklaverei*. In: Höffe, Otfried (Hrsg.): Aristoteles Politik. S. 49.
[39] Kullmann, Wolfgang: *Aristoteles und die moderne Wissenschaft*. Steiner Verlag. Stuttgart. 1998. S. 370.
[40] Vgl. Aristoteles: Politik (Übers. v. Schwarz). 1260b 5ff.
[41] Herrmann-Otto, Elisabeth: *Sklaverei und Freilassung in der griechisch-römischen Welt*. Wissenschaftliche Buchgesellschaft. Darmstadt. 2009. S. 20.

möchte. Auch davon schließt Aristoteles den Sklaven aus, der nur im Sinne und im Dienst seines Herrn handelt.[42]

Das stoische Paradoxon, welches zur Zeit des Aristoteles von dem Begründer der Stoa Zenon von Kition aufgeschrieben worden sein soll, schließt die Freiheit eines Sklaven nicht aus. Mit dem Satz „Jeder gute Mensch ist frei, jeder schlechte Mensch ist ein Sklave"[43] wird die Moral ein wichtiges Kriterium für die Freiheit oder Unfreiheit eines Menschen. Die Stoa unterscheidet nicht wie Aristoteles den Sklaven von Natur und den nach dem Gesetz, sondern differenziert zwischen faktischer und moralischer Sklaverei. So ist es möglich, dass ein Sklave ein freier und guter Mensch ist, der glücklich die Ziele erreicht, die er sich vornimmt, weil er seiner Vernunft folgt. Der faktisch Freie aber, kann durchaus innerlich unfrei sein, weil ihm genau das nicht gelingt. Der Begriff der Sklaverei ist in der Stoa ein anderer als bei Aristoteles. Während Aristoteles die natürliche Sklaverei rechtfertigt, versuchen die Stoiker die faktische Sklaverei mithilfe der moralischen Sichtweise zu relativieren. Diese Sichtweise schafft die Sklaverei zwar nicht ab, aber sie gesteht dem Sklaven Freiheit zu, wenn auch nur im Geiste.[44] Für Aristoteles wäre diese innerliche Freiheit eines natürlichen Sklaven nicht denkbar, weil die Vernunft dafür nicht ausreiche.

Erinnert man sich an die Tugend, die der Herr dem Sklaven vermittelt um seine eigenen Interessen zu verfolgen[45], so könnte man annehmen, dass der Herr seinem Sklaven absichtlich die Freiheit vereitelt, indem er dem Sklaven nur einen geringen Teil von Tugend vermittelt, was einen eingeschränkten Handlungsspielraum für den Sklaven zulässt. Allerdings behauptet Aristoteles, dass der Sklave ein Vernunftdefizit hat, weshalb er mit der Tugend nicht viel anfangen kann.

„In Ermangelung des Bürgerrechts sind Sklaven von politischer Mitbestimmung und den entsprechenden Ämtern und vom Militärdienst ausgeschlossen." [46] Obwohl Aristoteles diese Ansicht unterstützt, weist er dennoch darauf hin, dass jemand zeitweise zum Bürger ernannt werden kann, der von einem Sklaven abstammt, insofern Bürgermangel besteht und die Verfassung es zulässt. Somit ist ein sozialer Aufstieg eines Sklaven zumindest nicht ausgeschlossen[47], was auch ein Stück mehr Freiheit bedeuten könnte.

Frei bewegen konnte sich ein Sklave mit der entsprechenden Vollmacht des Herrn vor allem in Athen und anderen Handelsstätten. Bis auf wenige politische Bereiche konnte ein Sklave in

---

[42] Vgl. Aristoteles: Politik (Übers. v. Schwarz). 1317b 1f.
[43] Herrmann-Otto, Elisabeth: *Sklaverei und Freilassung in der griechisch-römischen Welt*. S. 22.
[44] Vgl. ebd. S. 22f.
[45] Siehe Fußnote 38.
[46] Herrmann-Otto, Elisabeth: *Sklaverei und Freilassung in der griechisch-römischen Welt*. S. 226.
[47] Vgl. Aristoteles: Politik. (Übers. v. Schwarz). 1278a 30ff.

allen Berufen Fuß fassen und mit dem Einverständnis des Herrn war sogar sein Freikauf und ein eheähnliches Leben möglich. Der Freikauf kam allerdings nur selten vor und oft profitierte der Herr eher davon als sein ehemaliger Sklave, welcher auch noch nach der Freilassung der Familie des Herrn verpflichtet war.[48]

Von Freiheit kann man also im Zusammenhang mit Sklaven nicht reden. Sie hatten zwar einige Aufstiegschancen im sozialen und auch wirtschaftlichen Bereich, diesen stand jedoch „die relative Perspektivlosigkeit der Rückgewinnung der Freiheit in Kontrast"[49]. In der Geschichte der antiken Sklaverei ist es nie zu großen Unruhen oder Aufständen gekommen, weshalb man geneigt sein könnte zu sagen, dass die Sklaven mit ihrer Situation nicht unbedingt unzufrieden waren. Mögliche Gründe dafür, dass sich die Sklaven nicht zusammen gegen ihre Herren verbündeten, können wohl auch Sprachbarrieren und ethnische Unterschiede gewesen sein, die jeglichen Zusammenschluss erschwerten.[50]

4. Anwendung von Aristoteles' Sklavenbegriff auf die heutige Zeit

Ist es möglich die für uns heutzutage eher befremdliche Thematik der Sklaverei in einen aktuellen Kontext zu bringen? Viele Themen, die Aristoteles behandelt hat, lassen sich auf die heutige Zeit beziehen, allerdings ist es notwendig, die Sichtweisen des Philosophen in Verbindung mit den damaligen Gegebenheiten, Gesetzen und weltlichen Anschauungen zu betrachten. Will man dem Begriff der Sklaverei heute gerecht werden, so scheint es sinnvoll, weniger über Misshandlungen und Freiheitsentzug als vielmehr über schlichte Ausbeutung von Arbeitskraft und einer schlechten sozialen Stellung von Arbeitern zu sprechen.

4.1 Exkurs: Sind kolumbianische Hausmädchen (empleadas) moderne Sklaven?

Während meines zweieinhalb monatigen Praktikums an einer deutschen Schule in Cali in Kolumbien kam ich nicht nur mit Schülern aus der kolumbianischen Oberschicht in Kontakt, sondern konnte auch ein wenig über deren Verhältnisse zuhause erfahren. Ich hörte von Hausmädchen, die bei wohlhabenden Familien wohnen und sich um den Haushalt, die Kinder, den Garten und das Essen kümmern. Dabei wohnen sie häufig die gesamte Woche im Haus des Arbeitgebers und kehren nur am Wochenende zu ihren eigenen Familien zurück.

Die Rolle der Frauen in Lateinamerika ist im Allgemeinen eine untergeordnete innerhalb der Gesellschaft. Als Haus- und Putzfrau ist eine Frau zusätzlich für die sozialen Beziehungen des

---

[48] Vgl. Herrmann-Otto, Elisabeth: *Sklaverei und Freilassung in der griechisch-römischen Welt.* S. 227f.
[49] Vgl. ebd. S. 227f.
[50] Vgl. ebd. S. 227.

Haushaltes und für ein emotionales Gleichgewicht der Mitglieder verantwortlich. Die Hausarbeit wird als ein fundamentaler Teil der Frauenrolle angesehen, weshalb eine Frau vor allem als Hausfrau, Ehefrau oder Mutter definiert wird. In den Arbeitsstatistiken wird diese Arbeitsform oft ignoriert, was die soziale Benachteiligung der Frau verstärkt.

Frauen, die die Hausarbeit in einem fremden Haushalt ausüben, kommen häufig aus ländlichen Gegenden und ziehen in die Stadt, weil sie sich dort Arbeit erhoffen. Sie erfahren da meist eine noch größere soziale Abwertung, weil sie sich in einer Art Dienerverhältnis befinden, insofern die emanzipierte Hausherrin selbst arbeiten geht.[51] Die Existenz eines Hausmädchens ermöglicht der Hausherrin somit die Freiheit einer eigenen Arbeit nachzugehen. Allerdings verhindert dies, dass die Familienmitglieder eigenverantwortlich mit dem Haushalt und dessen Aufgaben umgehen lernen, wodurch die Hausarbeit weiterhin ausschließlich als eine Aufgabe der Frau angesehen wird.[52]

Meine persönlichen Erfahrungen haben gezeigt, dass viele Kinder, die aus Familien mit Hausmädchen stammen, eine ignorante und desinteressierte Einstellung zum Thema Hausarbeit entwickeln. Sie bekommen nicht die Möglichkeit eigenverantwortlich beispielsweise einen Teil zum Schutz der Umwelt beizutragen, weil sich um sie herum immer Putzfrauen befinden. Mit schlechtem Vorbild voran gehen die Eltern, welche am Wochenende essen gehen oder sich Fast Food bestellen, weil sich das Hausmädchen zu der Zeit bei der eigenen Familie befindet.

Nach Angaben der FAO und PREALC für Lateinamerika zogen innerhalb von 10 Jahren, zwischen 1960 und 1970, ungefähr 3,8 Millionen Frauen von ländlichen in städtische Gebiete, um der Armut zu entkommen und als Haushaltshilfe Arbeit zu finden.[53] Diese Arbeit stellt für sie allerdings keinen Zwischenschritt in ihrem Leben dar. Aufgrund ihrer geringen bis fehlenden Ausbildung, häufig sind sie teilweise bis komplette Analphabetinnen, haben sie keine Chance in besser bezahlte Branchen zu wechseln. Eine Unterbrechung ihrer Arbeit geschieht, wenn sie selbst Kinder bekommen und eine eigene Familie haben. Sie kehren jedoch sobald wie möglich zurück in die Familie ihres Arbeitgebers um dort Geld zu verdienen. Der Arbeitstag einer empleada ist lang, während ihre Bezahlung unter dem gesetzlichen Minimum liegt. Deswegen zählen diese arbeitenden Frauen, welche eine große

---

[51] Vgl. León, Magdalena: *El servicio doméstico*. S. 6.
(http://idrinfo.idrc.ca/archive/ReportsINTRA/pdfs/v13n2s/115033.pdf)
[52] Vgl. ebd. S. 7.
[53] Vgl. ebd. S. 7.

14

ökonomische Verantwortung der eigenen Familie gegenüber haben, zu den ärmsten der Armen.[54]

Kann man im Zusammenhang mit lateinamerikanischen Haushaltshilfen von Sklaven im aristotelischen Sinn sprechen? Es lassen sich einige, wenige Gemeinsamkeiten feststellen: Hausmädchen kommen aus der Unterschicht und sind sozial schlechter gestellt als der Rest der Gesellschaft. Sie haben keine oder nur eine geringe Schulbildung und sind daher als Analphabetinnen benachteiligt. Es besteht eine finanzielle Abhängigkeit zur Familie ihres Arbeitgebers. Bei dieser wiederum könnte man ebenfalls von einer Art Abhängigkeit zur Haushaltshilfe sprechen, was man an Beispielen wie dem Essengehen am Wochenende erkennt. Ohne den Sklaven könnte bei Aristoteles ein Haushalt nicht bestehen, aber kann man das im Gegenzug auch von der empleada sagen? Hätte die Hausherrin keine Haushälterin, müsste sie, in gleicher Weise wie der Bürger ohne Sklaven ein Stück seiner Freiheit aufgeben müsste, einen Teil ihrer gewonnenen Emanzipation abgeben und könnte nicht arbeiten gehen. Da nicht alle Haushalte der Oberschicht in Kolumbien eine Haushälterin haben, der Haushalt aber dennoch bestehen bleibt, kann man hier nicht von der Notwendigkeit einer empleada sprechen. Dazu kommt, dass empleadas durchaus Bürgerinnen sind, die wählen dürfen, und die die Freiheit besitzen ihren Arbeitgeber zu wechseln. Dass die Möglichkeiten dazu gering sind, steht außer Frage, aber theoretisch sind sie nicht an ihren Arbeitgeber gebunden und ihm auch nicht für immer verpflichtet, so wie das bei Aristoteles der Fall ist.

4.2 Exkurs: Sklaven im afrikanischen Land Elfenbeinküste

Während der Beschäftigung mit dem Thema Sklaverei bin ich auf ein anderes Beispiel gestoßen, auf das ich kurz hinweisen möchte. Es handelt sich um die Reportage „Schmutzige Schokolade" vom 06.10.2010 in der ARD, in der über die Arbeit auf Kakaoplantagen im afrikanischen Land Elfenbeinküste berichtet wird. Der größte Teil des Kakaos, der in unserer Schokolade steckt, stammt von diesen Plantagen, wo nach Schätzungen der Organisation UNICEF über 200.000 Kindersklaven arbeiten. Die meisten Kinder werden verschleppt und gelangen gegen ihren Willen zu den Plantagen, wo sie von Kakaobauern ausgebeutet werden. Im Zusammenhang mit Kinderarbeit fällt hier auch der Begriff der Sklavenarbeit, weil wehrlose Kinder, meist unter Zwang, hunderte Kilometer von ihrer Heimat auf den Plantagen festgehalten werden. [55] Bei diesem Beispiel zeigt sich, dass das Thema Sklavenarbeit gar nicht so veraltet ist, wie man glauben könnte. Auf Vorkommnisse solcher Art bezieht sich

---

[54]Vgl. León, Magdalena: *El servicio doméstico.* S. 7.
(http://idrinfo.idrc.ca/archive/ReportsINTRA/pdfs/v13n2s/115033.pdf).
[55] Vgl. http://www.ardmediathek.de/ard/servlet/content/3517136?documentId=5555724.

Frau Herrmann-Otto, wenn sie vom „Fortleben der Institution Sklaverei im 21. Jh. trotz offizieller Abschaffung und entsprechender Menschenrechtskonventionen"[56] spricht. Die verstärkte Renaissance von Menschenhandel und Zwangsarbeit seit Ende des Kalten Krieges und im Fortschritt der Globalisierung der Weltwirtschaft verschaffe der antiken Sklaverei eine neue Aktualität. Die Autorin sieht die Ergebnisse bei der Beschäftigung mit einem derartigen Thema als Spiegel der gesellschaftlichen Bedürfnisse der Zeit.[57]

5. Nachwort

Der Sklave bei Aristoteles ist wichtig für den Erhalt der Polis. Sein gesellschaftlich schlechter Stand sieht im Vergleich mit dem der Frau gar nicht mehr so schlecht aus, denn Sklaven sind zumindest politisch nicht weniger berechtigt als Frauen. Dennoch befinden sie sich in der Rangfolge am unteren Ende der Polis und werden, bezogen auf ihre Vernunft, eher dem Tier als dem Menschen zugeordnet, weshalb die Herren als „Lenker und Erzieher der führerlosen Sklavennaturen gelten"[58]. Insofern er von Geburt an Sklaveneigenschaften besitzt, ist der Sklave ein affektiver Seelenteil des Herrn. Als Teil von ihm handelt er ganz im Sinne des Herrn, welcher wiederum für das Handeln des Sklaven verantwortlich ist, da er dessen Tugend beeinflusst. Die Handlungen des Sklaven sind also gleichzeitig Handlungen des Herrn. Vor allem der Mangel an Vernunft macht den Sklaven unfrei und ungleich gegenüber dem Herrn. Dass er dadurch nur bestimmte Sklavenarbeiten verrichten kann, ist verständlich.

Warum allerdings soll ein Sklave nicht ebenso frei und berechtigt sein wie ein Bürger? Einen Vorteil für den Sklaven stellt die Herrschaft dar, die nur bestehen bleibt, wenn der Sklave nicht zugrunde geht, ihm also ein gewisser Schutz zuteil wird. Dass die natürliche Sklaverei gerecht ist, erwähnt Aristoteles immer wieder. Dabei misst er allerdings mit zweierlei Maß, wenn er sagt, dass die Sklaverei unter Griechen nicht gerecht sei. Er behauptet, dass griechische Menschen keine Sklaveneigenschaften von Natur aus haben und die griechische Versklavung demnach ungerecht wäre. Hier zeigt sich, dass Aristoteles' philosophische Argumentation in unverhältnismäßiger Weise von gesellschaftlichen Faktoren und Traditionen beeinflusst wird, wodurch seine Position an Überzeugungskraft verliert.

Lässt man die Ergebnisse dieser Arbeit Revue passieren, so kann man durchaus von einer gewissen Abhängigkeit des Sklaven seinem Herrn gegenüber sprechen. Dass die Existenz

---

[56] Herrmann-Otto, Elisabeth: *Sklaverei und Freilassung in der griechisch-römischen Welt.* S. 9.
[57] Vgl. ebd. S. 9.
[58] Vgl. ebd. S. 226f.

eines Menschen mit Sklaveneigenschaften ohne einen Herrn nicht gewährleistet ist, kann man allerdings bezweifeln, da die Barbaren auch ohne Herren überleben. Die Abhängigkeit zeichnet sich vielmehr durch die soziale Benachteiligung der Menschen aus der Unterschicht aus, welche ihnen verschiedene Rechte und Möglichkeiten innerhalb der Gesellschaft verwehrt. Durch den Herrn bekommen diese Menschen einen größeren Handlungsspielraum, welcher jedoch größtenteils für die Interessen des Herrn besteht. Der Sklave befindet sich in einem bestimmten Abhängigkeitsverhältnis, welches zwar eine existenzielle Sicherheit mit sich bringt, ihn jedoch unfrei macht. Der Schutz, den der Herr ihm gibt, erfolgt erneut nur im Sinne des eigenen Interesses, nämlich um das Herrschaftsverhältnis aufrechtzuerhalten. Denkt man an die Rechtfertigung der Sklaverei durch Aristoteles, so klingt es doch widersprüchlich, wenn der Philosoph im Verlauf seines Werkes selbst sagt, dass der Herr einen größeren Nutzen von der Sklaverei habe, als der Sklave.[59]

Heutige Sklaven im Beispiel der Haushaltshilfen sind das Produkt von Bequemlichkeit und Luxus. Die Hausmädchen tun Arbeiten, für die sich die Herrschaften zu fein sind, oder die sie vielleicht schon verlernt haben. Die Entwicklung der modernen Frau, die sich aufgrund des Wunsches nach Emanzipation nur noch um ihre Arbeit und weniger um die Erziehung ihrer Kinder kümmert, lässt die Existenz von Werten wie Verantwortungsbewusstsein und Selbständigkeit geringer werden. Für die armen Menschen der Unterschicht mag diese Entwicklung vielleicht sogar gut sein, weil sie Arbeit bekommen. Was dies allerdings für die Gesellschaft bringt, die in Zukunft von verantwortungslosen Menschen regiert werden könnte, lässt sich leider nicht voraussehen. Ob die Oberschicht durch die Entlastung von Haus- und Kindermädchen besser den wichtigen Aufgaben des Lebens nachgehen kann, so wie Aristoteles das von der Sklaverei behauptet, sei dahingestellt.

Im Fall der Sklavenarbeit, die sogar heute noch widergesetzlich in Afrika praktiziert wird, sind die Triebfedern Geld- und Machtgier. Die Kinder, die als Sklaven auf Kakaoplantagen arbeiten, sind absolut abhängig und ihre Existenz findet nur Schutz im Sinne der Ausbeuter. Das Beispiel lässt sich ansatzweise mit Aristoteles' Sklavenbegriff vergleichen, allerdings muss man den gesetzlichen, zeitlichen und damit auch gesellschaftlichen Kontext beachten und darf zudem nicht übersehen, dass Aristoteles nicht von Kindersklavenarbeit spricht. Während die Sklaverei in der Antike zwar juristisch als widernatürlich, aber nicht als widerrechtlich angesehen wurde[60], gibt es heutzutage Gesetze gegen die Sklaverei. Ein weiterer bedeutender Unterschied zwischen der antiken und der heutigen Sklaverei ist die

---

[59] Siehe Fußnote 29.
[60] Vgl. Herrmann-Otto, Elisabeth: *Sklaverei und Freilassung in der griechisch-römischen Welt.* S. 228.

Tatsache, dass Sklaven in der Antike der Aufstieg aus der Armut gelangen konnte. Für die aus der Armut entstehenden Sklaven heutzutage bedeutet dies häufig der soziale oder auch physische Tod.[61]

Einiges, was thematisch noch nahe läge, konnte aufgrund des begrenzten Umfangs der Arbeit leider nicht hinzugezogen werden. Interessant in Verbindung mit Aristoteles wäre die genauere Behandlung der Gerechtigkeit der Sklaverei gewesen. In dem Zusammenhang ist die Beschäftigung mit Aristoteles' Nikomachischer Ethik sicher sinnvoll und aufschlussreich, denn dort findet man eine ausführlichere Behandlung des Tugendbegriffs.

Bei der Lektüre der *Politika*, die durch ihre Zeitlosigkeit auch heute noch relevante Themen für die Gesellschaft enthält, ist der antike Kontext immer im Hinterkopf zu behalten. Aus diesem Grund ist es sinnvoll, gleichzeitig die historischen Gegebenheiten und Anschauungsweisen zu der Thematik zu beachten. Die aristotelische Position zum Thema Sklaverei ist an einigen Stellen, bedingt durch den unterschiedlichen Kontext, heute in dieser Form nicht mehr zu vertreten. Dennoch lässt sich die Beschäftigung mit diesem Werk durchaus weiterempfehlen.

---

[61] Vgl. Herrmann-Otto, Elisabeth: *Sklaverei und Freilassung in der griechisch-römischen Welt.* S. 230.

6. Quellenangabe

<u>Primärquelle:</u>

- Aristoteles: Politik. (Übers. v. Schwarz). Reclam Verlag. Ditzingen. 2007.

<u>Sekundärquellen:</u>

- Höffe, Otfried: *Einführung in Aristoteles' Politik*. In: Ders. (Hrsg.): Aristoteles Politik. Bd. 23. Akad.-Verlag. Berlin. 2001.
- Höffe, Otfried: *Aristoteles' politische Anthropologie*. In: Ders. (Hrsg.): Aristoteles Politik. Akad.-Verlag. Berlin. 2001.
- Höffe, Otfried: *Aristoteles: Ethik und Politik*. In: Buchheim, Thomas: Kann man heute noch etwas anfangen mit Aristoteles? Felix Meiner Verlag. Hamburg. 2003.
- Pellegrin, Pierre: *Hausverwaltung und Sklaverei*. In: Höffe, Otfried: Aristoteles Politik. Akad. Verlag. Berlin. 2001.
- Kullmann, Wolfgang: *Aristoteles und die moderne Wissenschaft*. Steiner Verlag. Stuttgart. 1999.
- Herrmann-Otto, Elisabeth: *Sklaverei und Freilassung in der griechisch-römischen Welt*. Wissenschaftliche Buchgesellschaft. Darmstadt. 2009.

<u>Internetquellen:</u>

- León, Magdalena: *El servicio doméstico*. (http://idrinfo.idrc.ca/archive/ReportsINTRA/pdfs/v13n2s/115033.pdf letzter Zugriff am 25.01.2011).
- http://www.ardmediathek.de/ard/servlet/content/3517136?documentId=5555724 letzter Zugriff am 25.01.2011.